AF227459

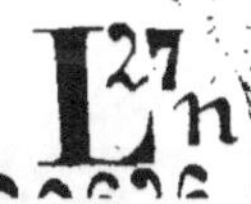
L27
n

PANÉGYRIQUE

DE

SAINT VINCENT DE PAUL.

SEDAN, IMPRIMERIE DE SUHAUX,

Rue Maqua, 7.

PANÉGYRIQUE

DE SAINT VINCENT DE PAUL,

PRONONCÉ LE 23 JUILLET 1843,

Dans la Chapelle de l'Hôpital civil de Sedan,

PAR L'ABBÉ BANDEVILLE,

Chanoine-honoraire de Reims, etc.

<hr>

SE VEND AU PROFIT DES ORPHELINS DE L'HOSPICE DE SEDAN.

<hr>

A Sedan, à l'Hôpital et chez Suhaux, Impr.-Libraire.
A Charleville, à l'Hôtel-Dieu.

PANÉGYRIQUE

DE SAINT VINCENT DE PAUL.

Evangelizare pauperibus misit me, sanare contritos corde.

Le Seigneur m'a envoyé prêcher l'Évangile aux pauvres, guérir ceux dont le cœur est brisé.

(*Luc. 4.*)

Dans tous les siècles, mes Frères, le Seigneur a ménagé à son Église des hommes extraordinaires, qu'il revêt de son esprit, pour qu'ils publient ses grandeurs, soutiennent les intérêts de sa gloire, fassent aimer ses miséricordes. Il communique aux uns sa toute-puissance, pour leur faire opérer des prodiges semblables et même supérieurs à ceux qui viennent immédiatement de lui ; il couvre les autres d'une force toute divine, pour leur faire rendre témoignage à la vérité aux dépens de leur vie, et fertiliser le champ de l'Église par l'effusion de leur sang ; il inspire à d'autres l'esprit de lumières, pour dissiper et confondre l'erreur, instruire les peuples et les générations, planter et affermir la foi dans les cœurs ; enfin il pénètre de sa charité des hommes choisis, afin qu'ils se répandent comme un fleuve de grâces, pour adoucir tous les maux, soulager toutes les misères, consoler toutes les douleurs. Ainsi ce n'est pas l'homme, c'est Dieu qui agit par les Apôtres, qui triomphe dans les Martyrs, qui instruit par la bouche des Docteurs, qui fait le bien par les mains de l'homme de miséricorde. Je ne fais donc pas un larcin à la gloire de Dieu en appliquant au Saint dont nous célébrons la mémoire les belles paroles que le Sauveur lui-même empruntait à Isaïe pour exprimer l'objet de sa mission sur la terre, et si je dis que le même esprit du Seigneur, qui s'est reposé sur le Fils de Dieu afin qu'il cicatrisât toutes les blessures et séchât toutes les larmes, s'est arrêté sur saint Vincent de Paul, pour qu'il continuât ce ministère de bénédictions, ce n'est pas l'homme que je prétends louer, mais le Seigneur qui a daigné s'en servir. Car, ne l'oublions pas, si la religion doit à Vincent de Paul tant de travaux apostoliques, tant d'œuvres de charité, tant d'établissemens de bienfaisance, Vincent de Paul à son tour doit à la religion, et à la religion seule, l'esprit de Dieu qui a fait par lui de si grandes choses. Encore une fois, c'est à Dieu que s'adressent nos hommages, c'est lui qui est admirable dans ses Saints, *mirabilis Deus in Sanctis suis.*

En entreprenant la tâche dont je viens m'acquitter près de vous, mes Frères, je ne vous le dissimulerai pas, je me suis senti effrayé par la grandeur du sujet que j'avais à traiter. Que suis-je pour parler d'un tel saint, pour célébrer de telles œuvres? Et quand j'aurais l'éloquence des plus grands orateurs, l'inspiration des prophètes, la science des docteurs, quand je parlerais le langage des anges mêmes, si je ne suis embrasé de cette charité dont brûlait le cœur de l'homme de Dieu, que suis-je, si ce n'est un airain sonnant, une cimbale retentissante? Et pourtant, vous l'avouerai-je, je me suis rassuré dans mon incapacité même : j'ai pensé qu'un saint

Vincent de Paul n'a rien à recevoir d'un panégyriste, que sa vie toute seule est assez éloquente; plus je m'oublierai moi-même, plus les faits parleront, et si le simple récit que j'en ferai peut quelquefois vous émouvoir, tout l'honneur en reviendra au Saint dont les œuvres sont si touchantes, ou plutôt à Dieu, qui les a faites par ses mains.

Je ne vous rappellerai pas en détail les actions de la vie de saint Vincent. Vous les connaissez aussi bien que moi. Je ne vous ferai pas le tableau des vertus qui ornaient son âme : le temps me suffirait à peine pour les énumérer toutes. Je me restreindrai dans les limites que me tracent naturellement les paroles du texte que j'ai choisi, et je vous parlerai de cet esprit de charité qui a été comme le principe de toute sa vie. La charité, vous dirai-je, l'a suscité pour annoncer l'Evangile aux pauvres, aux habitans de la campagne; pour ramener à Dieu ceux qui étaient assis dans les ténèbres de l'ignorance, ou que le péché retenait dans les ombres de la mort; pour former ces pasteurs qui gardent avec fidélité le troupeau de Jésus - Christ, ces ouvriers apostoliques qui, depuis lui jusqu'à nous, ont fait connaître le nom de Jésus aux peuplades infidèles comme aux générations naissantes : *Evangelizare pauperibus misit me.* La charité a dilaté ses entrailles pour le faire compâtir à toutes les misères humaines; créer des ressources pour tous les besoins, des asiles pour tous les malheurs; souffler dans l'Eglise cet esprit de bienfaisance qui devait y multiplier, y perpétuer les bonnes œuvres : *sanare contritos corde.* En deux mots, je dirai ce que la charité lui inspira pour le salut des âmes, ce qu'elle lui fit entreprendre pour le soulagement des malheureux. Implorons. *Ave, Maria.*

PREMIÈRE PARTIE. .

Dieu se plaît souvent à choisir ce qu'il y a de plus faible, de plus méprisable, selon le monde, pour confondre les vues de la sagesse humaine et opérer les plus grands prodiges : c'est au fond d'un cachot qu'il montre à Pharaon le sauveur de l'Égypte; c'est dans un berceau flottant à la merci des vagues qu'il conserve le chef prédestiné à la délivrance de son peuple; c'est du milieu des troupeaux qu'il appelle David pour en faire un roi selon son cœur; c'est de leurs pauvres barques qu'il envoie ses apôtres à la conquête de l'univers; et c'est sous l'humble toit d'un laboureur qu'il va chercher Vincent de Paul pour en faire un prêtre fidèle, qui deviendra le sauveur des âmes, la providence de ses frères; et, remarquons-le à la gloire du sacerdoce chrétien, c'est aux dispositions bienfaisantes du jeune berger, aux privations qu'il s'impose pour soulager les malheureux, qu'on reconnaît sa vocation à l'état ecclésiastique.

Il est devenu prêtre : la sainteté de son âme se révèle dans la ferveur avec laquelle il célèbre les saints mystères : « Oh! qu'il dit bien la messe! s'écrient les fidèles qui le voient; il faut que ce soit un saint ou un ange. » Heureux le peuple qui recevra ses premiers soins! heureuse la paroisse à laquelle il offrira les prémices de son zèle! Mais les vues de Dieu ne sont pas celles des hommes : avant que Vincent se dévoue au soulagement de toutes les misères, il faut qu'il les ait senties, qu'il en ait été comme saturé. Dans une courte traversée entreprise pour recueillir une modeste succession, il est surpris par des pirates, emmené sur les côtes d'Afrique, et vendu comme un autre Joseph. Pendant deux ans, il partage le sort, la chaîne, les travaux des esclaves, n'ayant d'autre confident que le ciel, d'autre soutien que la prière, d'autre consolation qu'une sainte confiance qui ne l'abandonna jamais. Ce qui l'afflige, ce ne sont pas ses propres infortunes : il adore les desseins de Dieu, il attend paisiblement son jour ; mais il gémit sur le sort de ses compagnons de captivité, que l'ennui, la douleur, les mauvais traitemens conduisent au désespoir, et du désespoir à la perte de la foi. Oh! s'il pouvait leur annoncer la parole de vie, faire passer dans leur cœur la résignation et l'espérance! mais son zèle est enchaîné, sa bouche doit rester muette. Seigneur, ne l'avez-vous donc appelé au sacerdoce que pour en faire un esclave, pour l'asservir aux caprices d'un maître cruel, ennemi juré d'une religion qu'il a désertée, du Dieu qu'il a trahi? Admirons, mes Frères, les desseins miséricordieux de la providence : le courage, la patience de l'esclave ont attiré les regards du maître ; ses réponses pleines de douceur ont amolli cette âme farouche, y ont porté le repentir ; l'apostat est ramené à Dieu, et le Saint, rendu à la liberté, revient en France intéresser les âmes pieuses en faveur des malheureux qu'il a laissés dans les fers. L'éloquence avec laquelle il plaide la cause du malheur attire sur lui-même les regards ; le bon Henri veut le connaitre et l'élever à l'épiscopat : la providence avait d'autres vues.

Vincent, rentré dans l'obscurité par la mort du prince, va cacher son zèle et ses vertus à l'hôpital de la Charité, soigner les malades, leur faire entendre ces paroles de paix qui calment les douleurs, ces instructions touchantes qui font aimer et desirer le ciel, ces exhortations pathétiques qui semblent l'ouvrir et en faciliter l'accès. Les bénédictions des mourans, comme un concert de reconnaissance, ont trahi l'humilité du saint prêtre, et bientôt le modeste aumônier de l'hôpital est devenu l'aumônier de la reine-mère, le titulaire d'une riche abbaye. Mais Dieu n'a pas conduit Vincent à travers les épreuves, pour le faire arriver à une oisive et stérile opulence. Pour qu'il opère des prodiges de charité, il faut qu'il soit dépourvu de toute ressource; pour qu'il devienne l'homme du pauvre, il faut qu'il soit pauvre lui-même : il le sera. Il se démet volontairement de ses charges lucratives pour se vouer au ministère pastoral; et la paroisse qu'il est appelé à diriger est une de ces terres arides qui semblent n'offrir que des fatigues sans espérance; mais le zèle du saint prêtre, soutenu par la patience, par la douceur, triomphe de tous les obstacles : en peu de temps la paroisse se régénère. Ce qu'il a fait à Clichy, il le fera plus tard à Châtillon, autre terre infructueuse, que trois pasteurs ont été forcés d'abandonner successivement dans le cours d'une seule année; terre ingrate, où les besoins du corps semblent se joindre à ceux de l'âme pour les rendre incurables; terre maudite, où les désordres se sont donné comme rendez-vous, où l'hérésie distille son venin, où le scandale lève la tête, où le vice a dit : je régnerai. Mon Dieu, que demandez-vous de votre ministre au milieu d'un tel peuple? rien moins que la conversion de toute la paroisse. Il gagnera l'affection des pauvres par les secours qu'il obtient pour eux, la confiance des riches par un amour éclairé du bien, l'estime et la vénération de tous par la prudence de son zèle, la douceur de sa charité, la sainteté de sa vie. En moins de six mois, quarante procès auront été terminés, la discorde sera bannie, les vertus commenceront à naître. Vincent aura posé comme la première pierre de ses plus précieux établissemens, il aura fait connaître *combien un bon prêtre est une grande chose.*

La voix de Dieu, par l'organe de ses supérieurs, l'arrache à son troupeau chéri, et le fait précepteur des enfans du Général des galères. Que fera-t-il dans ce nouveau poste? Ce qu'il y fera, mes Frères? il formera ce fameux cardinal de Retz, qui doit profiter si tard des leçons d'un tel maître, mais qui doit accueillir tous ses établissemens dans la capitale, quand il en occupera le siége. Il connaîtra, pendant ses momens de séjour à Folleville, à Montmirail, les misères et l'ignorance des habitans de la campagne; il ira les instruire, les consoler, les sanctifier, et il concevra la première pensée des missions : il verra de près les maux qui pèsent sur les malheureux que la justice humaine a frappés, et il cherchera les moyens d'y apporter quelque remède. Aussi, quand il peut se dérober à la vie de palais qui lui est à charge, où le voit-on courir? à Marseille, dans ces prisons flottantes où tant d'infortunés ne se souviennent des hommes que pour les haïr, de Dieu que pour le blasphémer; dans ces foyers de corruption, si bien nommés les hautes écoles du crime, qui ne reçoivent l'écume de la société que pour la convertir en peste, et la tenir en réserve comme un fléau toujours menaçant. Je ne vous peindrai pas le saint prêtre, prenant la place d'un forçat et se chargeant lui-même de ses fers, pour laisser le malheureux aller en liberté secourir sa mère, sa femme et ses enfans réduits à l'indigence; j'aime mieux vous le représenter au milieu de ces misérables, s'insinuant dans leurs cœurs par les saints artifices de la charité, gagnant leur confiance par l'affection qu'il leur témoigne et les soins qu'il leur prodigue, ouvrant leur âme au repentir par les douces instructions, les paroles consolantes qu'il leur adresse. Il ne peut changer leur situation, il l'adoucira du moins en intéressant en leur faveur les âmes tendres et généreuses ; il ne peut finir leurs peines, il les leur rendra moins amères, en leur apprenant à en faire un saint usage ; il ne peut rompre leurs fers, qu'il baise avec une sorte de respect, il les allégera, en les leur faisant porter avec résignation. Tous le vénèrent, l'aiment, le bénissent ; les plus désespérés eux-mêmes finissent par se jeter dans ses bras ; ils l'appellent leur ami, leur père, épanchent leur cœur dans le sien, et déposent à ses pieds le fardeau de leurs crimes. Bientôt, selon le témoignage de l'évêque de Marseille, *ce repaire de tous les vices* devient une sorte de *temple où l'on entend les louanges de Dieu dans des bouches auparavant vouées au blasphême.* Le bien qu'il opère fait créer pour lui une charge nouvelle : il est établi aumônier général des galères, et on le voit, en cette qualité, parcourir successivement tous les bagnes, et renouveler partout les mêmes prodiges. Il fait appel à la bienfaisance pour adoucir le sort des condamnés, et consolider ses travaux spirituels par des améliorations matérielles. Ce qu'il ne peut soutenir lui seul, il l'entretient par de dignes coopérateurs ; et son zèle ne se repose, son cœur n'est satisfait, que quand l'autorité royale a confirmé à ses enfans le privilége de poursuivre et de perpétuer le bien qu'il avait entrepris.

Mais d'autres misères ont parlé à son cœur, appelé sa sollicitude : il a vu le peuple des campagnes, comme des brebis sans pasteur, abandonné à l'ignorance et à tous les maux qu'elle enfante ; il se tourne du côté du sanctuaire, d'où il attend inutilement du secours : la moisson est abondante, mais les ouvriers sont rares ; ou plutôt les ouvriers sont moins rares encore que le zèle. Il lève les yeux en haut, conjure le maître de la moisson d'y envoyer de puissans ouvriers. Bientôt par ses soins on verra s'élever ces maisons, qui doivent servir de modèles à tant d'autres, où de jeunes clercs se formeront à la science évangélique et aux vertus sacerdotales, où l'Eglise viendra recruter des Apôtres. On verra s'ouvrir de saintes retraites, où, avant d'aller travailler au salut des âmes, et après s'être épuisés dans les fatigues du ministère, les pasteurs viendront ranimer leur zèle et se retremper dans l'esprit de leur vocation. On verra s'établir d'utiles conférences, où ils se réuniront pour traiter des choses de Dieu : Là, Bossuet se formera au grand art de la parole ; là, Vincent, qui est devenu *l'âme de ces pieuses réunions*, pour me servir des expressions de son disciple, répandra l'onction et la lumière ; *en l'entendant, on croira entendre Dieu lui-même.* Et que leur dira-t-il ? qu'ils doivent vivifier leurs paroles, moins par la force de l'éloquence, que par l'autorité de la vertu ; que la science enfle, tandis que la charité édifie ; que leurs sermons doivent être préparés moins dans l'étude que dans la prière ; que l'oraison est au prêtre ce que l'arme est au soldat.

Pour le seconder, le ciel a réuni autour de lui une troupe de saints prêtres qu'il a pénétrés de son esprit, animés de son zèle, enflammés de sa charité. Ils se sont engagés par vœu à travailler avec persévérance au salut des peuples, et surtout des pauvres habitans de la campagne ; et les hommes, témoins de leurs travaux, diront en bénissant le ciel : *On voit maintenant que l'Esprit-Saint conduit l'Eglise, puisqu'on y prend soin du salut et de l'instruction des pauvres villageois.*

Ils partent, ces ouvriers apostoliques ; au son de leur voix l'ignorance s'enfuit, les dissensions s'éteignent, la piété renaît, les vertus fleurissent. Ils vont planter la foi parmi les populations hérétiques qu'ils ramènent à l'unité ; ils pénètrent jusque dans les camps, où ils font invoquer le nom de Dieu, après en avoir banni la licence. Leur zèle est aussi vaste que l'univers, leur charité aussi forte que la mort. Voyez-les au fond de l'Irlande, arrachant aux séductions hypocrites de Cromwell les âmes dont Jésus-Christ leur a demandé la conservation ; en Pologne, affronter les horreurs de la peste pour offrir aux mourans leur ministère consolateur ; à Tunis, à Alger, ranimer par la foi l'espérance des malheureux captifs d'une oppression barbare : voyez-les s'établir successivement à Constantinople, à Smyrne, dans les îles de la Grèce, pénétrer dans la Perse et la Syrie, gravir les montagnes de la Tartarie, aborder aux rivages meurtriers de la Chine, braver le soleil brûlant de l'Afrique et les sables du désert, traverser les forêts du nouveau monde, voler partout où il y a des âmes à gagner à Dieu, faire adorer Jésus-Christ sur des plages inhospitalières, et donner leur sang en échange des âmes qu'ils ont conquises. Que d'autres vantent, s'ils le veulent, ces héros qui ont été la terreur du monde, ces génies qui se sont fait un nom, une fortune peut-être, par des théories brillantes, des conceptions plus ou moins claires, des systèmes de morale plus ou moins praticables ; pour moi, j'aime mieux l'humble et obscur missionnaire, qui, sans autre mobile que l'amour de la vérité et pour le salut des hommes, sans autre ambition que la gloire de Dieu, sans autre espoir que le bonheur d'une autre vie, saura bégayer les élémens de la foi avec les enfans, faire connaître Dieu aux ignorans, aux petits, l'annoncer aux sauvages, aux infidèles, parler de ses miséricordes aux coupables, entr'ouvrir le ciel aux moribonds, et mourir lui-même inconnu, loin des siens, sur une terre étrangère. Mon Dieu! si vous promettez la multitude de vos miséricordes à celui qui vous ramène un seul pécheur, quel trésor tenez-vous donc en réserve pour ceux qui se dévouent ainsi au salut de leurs frères?

Tandis que ses enfans se répandent de toutes parts, pour agrandir le royaume de Jésus-Christ, Vincent est demeuré dans la capitale, où sa charité est comme un foyer électrique dont les commotions se font sentir dans tous les lieux à la fois. Je le vois, au chevet du lit de Louis XIII mourant, préparer le monarque à rendre ses comptes à celui qui juge les peuples et les rois; au conseil de la régente, désigner ceux qui doivent être préposés au gouvernement des diocèses, arrêter l'ambition et la cupidité, ne voir que l'intérêt de l'Église et la sanctification des âmes. Je le vois, dans les séminaires qu'il a fondés, entretenant la piété et la ferveur, fécondant les premiers germes du zèle qui fait les Apôtres; et dans les communautés religieuses, rappelant ceux qui ont quitté le monde à l'esprit de leur vocation, à la perfection de leur état. Je le vois fonder les Filles de la Croix, pour procurer aux jeunes personnes le bienfait d'une éducation chrétienne; les Filles de la Providence, pour soutenir la vertu de celles que l'indigence exposerait à la séduction; les Filles de la Madeleine, pour recueillir celles que la faiblesse aurait fait succomber. O mon Dieu! je n'ai fait qu'indiquer rapidement une faible partie des œuvres de votre serviteur, et déjà je me sens comme accablé sous le poids de tant de mérites. Et nous, que vous avez appelés au même ministère, serons-nous donc des serviteurs inutiles? Faudra-t-il nous présenter devant vous, les mains vides? Vous le savez, Seigneur; ce que nous desirons, ce ne sont ni les honneurs, ni les richesses, ce n'est ni l'estime, ni la considération des hommes, c'est l'esprit de saint Vincent de Paul. Oui, j'aime à le dire ici au nom de tous vos prêtres, Seigneur, nous consentons à être oubliés, méconnus, méprisés, injuriés, persécutés, traités comme le rebut et l'ordure du monde, pourvu que vous soyez béni et glorifié par notre ministère, pourvu que nous puissions ramener à votre bercail les brebis que vous nous avez confiées.

SECONDE PARTIE.

Venu pour appeler les pécheurs, chercher ce qui était perdu, sanctifier tous les hommes, le Sauveur ne se contenta pas de les éclairer par de sublimes instructions, de les édifier par de saints exemples, de remédier à leurs maux spirituels par les divins secours, il voulut compatir à 'outes les infirmités, soulager tous les genres de misères et signaler son passage par des prodiges de bienfaisance et de charité. Copie vivante de ce divin modèle, Vincent de Paul en reproduisit tous les traits. Déjà on l'avait vu, dès sa plus tendre enfance, souffrir de la misère des autres et trouver dans sa pauvreté même des épargnes à faire pour soulager les malheureux ; c'étaient les premiers mouvemens de cette charité que le sacerdoce devait dilater, jusqu'à ce qu'elle ne connût plus de bornes. Prêtre, il communique à tous ceux qui l'approchent son esprit de commisération, il appelle au secours des pauvres le sexe dont l'âme compatissante se prête si bien aux élans de la charité. A Châtillon, il jette les premiers fondemens de ces associations de miséricorde que personne n'avait devinées avant lui, et qui devaient répandre tant de bienfaits. A Paris, il leur donne les plus vastes développemens ; les personnes les plus illustres, les d'Aiguillon, les Marillac, les Miramion lui offrent à l'envi leur fortune, leur crédit, leurs services personnels pour le seconder dans ses pieux projets. On oublie les distinctions de la naissance, les prérogatives du rang ; on ne connaît d'autre émulation que celle de faire le bien et, pour le faire avec plus d'efficacité, on impose silence à son propre cœur ; on n'écoute que les avis de la sagesse et de la charité qui parlent par la bouche de Vincent. Partout où se rencontre un pauvre à soulager, une famille à soutenir, un malheur à réparer, on voit ces anges de miséricorde accourir avec un saint empressement ; on vole au plaisir avec moins d'ardeur qu'elles ne volent au secours de l'infortune ; et ne croyez pas que leur bienfaisant concours se borne à d'oisives aumônes ; *il faut aimer Dieu à la sueur de son visage,* leur a dit le saint prêtre. Les fatigues les plus pénibles, les services les plus répugnans, les sacrifices les plus héroïques, rien ne leur coûte pour répondre à ce généreux appel. La mansarde la plus obscure, le réduit le plus humide, le lit de paille le plus infect sont tour à tour visités ; partout elles vont porter la paix, recueillir les bénédictions. Deux cents Dames de la plus haute naissance, sous la direction de Vincent, se partagent les hôpitaux de Paris, pour y réformer les abus, y multiplier les secours ; elles visitent, elles soignent, elles pansent les malades, elles versent autour du lit des malheureux un baume de consolation jusqu'alors inconnu ; elles leur font oublier et en quelque sorte bénir leurs souffrances, et pour la première fois les pauvres ne craignent plus de terminer leurs jours dans un asile, qui justifie enfin son beau nom de *Maison-Dieu.*

Mais à la voix du Saint un nouvel ordre religieux s'est élevé dans l'Eglise ; ce sont comme des anges de consolation que le ciel envoie pour sécher les larmes de la terre, de généreuses vierges qui se dévouent au service de toutes les infirmités : *Vous n'aurez point,* leur a dit le saint prêtre, *d'autre monastère que les maisons des pauvres ! point d'autre cloître que les rues des villes et les salles des hôpitaux, point d'autre clôture que l'obéissance, point d'autre voile qu'une sainte modestie.* Sentinelles attentives, elles semblent épier, pour les prévenir, tous les maux qui suivent l'humanité depuis le berceau jusqu'à la tombe. L'enfant qui vient de naître, l'orphelin délaissé, la veuve qui n'a plus d'appui, le pauvre honteux qui cache sa misère, le prisonnier qui languit sous les verroux, le forçat dont les crimes épouvantent, le malade étendu sur son lit, le blessé dont les plaies saignent, le lépreux que la société repousse, le vieillard qui va finir ses jours, elles les accueillent et les consolent tous. Point de soupirs qu'elles n'entendent, point de maux qui ne les touchent, point de douleurs qu'elles n'adoucissent ; les fatigues qu'elles supportent, les privations qu'elles endurent, les dangers qui les environnent, l'air infect qu'elles respirent, la contagion qui les menace, rien ne saurait effrayer leur courage ; une vertu divine les met au niveau de leur sublime vocation; la trompette ne sonne pas devant elles; les feuilles publiques n'annoncent pas leurs œuvres; les heureux de la terre ignorent leurs bienfaits, mais les pauvres les recueillent, les anges les inscrivent et Dieu les bénit. Ne leur parlez pas des joies, des espérances du siècle auxquelles elles ont renoncé; aimer Dieu, servir les pauvres, c'est désormais leur ambition et leur bonheur. Libres par intervalles de rentrer dans le monde qui les invite, dans leur famille qui leur tend les bras, elles renouvellent avec transport leur généreux sacrifice; la bure qui les couvre leur est plus précieuse que toutes les parures de la vanité. Les croix dont leur vie est semée sont comme un élément de fécondité qui multiplie leurs succès; elles remplissent les villes, les bourgades, répandant partout les trésors de la charité; elles vont jusque au-delà des mers à la poursuite de l'infortune; on les voit sous la tente de l'arabe, sous la hutte du sauvage, faire bénir le Dieu qui console, faire aimer la religion qui inspire un tel dévoûment. Vous vous étonnez, mes Sœurs, que nous admirions vos œuvres, vous qui en ignorez le prix, mais je croirais ôter un diamant à la couronne de votre Père, si je taisais le bien qu'il fait par vos mains; ce ne sont pas vos mérites que je loue, c'est sa gloire que je proclame; pour vous, depuis que vous avez été nommées les Filles de la Charité, on ne peut plus ajouter à votre éloge.

Escorté de ces légions angéliques, Vincent peut désormais affronter toutes les calamités. Déjà les misères particulières ne suffisent plus à l'immensité de sa bienfaisance; sa charité, comme un fleuve de bénédictions qui déborde, inonde les villes, les provinces, les royaumes. La Lorraine livrée pendant plusieurs années aux horreurs de la guerre, déchirée par cinq nations différentes qui s'en disputent les lambeaux, a vu ses autels brisés, ses temples renversés, ses villes détruites, ses campagnes ravagées; les tristes habitans décimés tour-à-tour par la guerre, la peste et la famine, en proie à tous les tourmens de la faim et du désespoir, ont vu se renouveler, sous leurs yeux, les épouvantables scènes de Samarie et de Jérusalem. Au secours, mon Dieu! venez au secours de votre peuple. Le cri de détresse est entendu; le pauvre prêtre recueille d'abondantes aumônes; il envoie des missionnaires et des filles de la charité pour les distribuer; on lui fait un crime de secourir les ennemis de l'état : *Si la Lorraine*, dit-il, *est ennemie de la France, les malheureux qu'elle renferme sont les amis de Dieu.* Près de deux millions successivement envoyés ramènent enfin, dans cette province, l'espérance et la paix; les populations respirent, les villes se repeuplent, les temples se relèvent, et tout le pays rendu à la vie le proclame *son sauveur* et son père.

La guerre change de théâtre, et reproduit dans la Picardie et la Champagne les désastres de la Lorraine; les cadavres, entassés par milliers sur les champs de bataille, restent sans sépulture et répandent au loin la mortalité. *La famine est telle, dit un témoin oculaire, que l'on voit des hommes brouter de l'herbe, manger la terre, arracher l'écorce des arbres, déchirer et avaler les haillons dont ils sont couverts, se manger les bras et mourir dans le désespoir.* Les habitans éplorés s'adressent à celui qu'ils appellent l'*Intendant des affaires de Dieu.* Du haut des chaires chrétiennes, le Saint fait entendre les plaintes de ses frères; plus il rencontre de difficultés, plus il trouve de ressources; trente mille livres par mois sont envoyés dans les pays désolés; les malheurs renaissent, les secours se multiplient, et dix ans de calamités de tous genres deviennent dix ans de prodiges et de charité. Reims se fait l'interprète de la reconnaissance publique; tous les jours le divin sacrifice est offert au tombeau de saint Remi, et une procession générale est ordonnée pour appeler les bénédictions célestes sur celui qui s'est fait le libérateur de tous; tant de bienfaits qui épuiseraient les trésors d'un monarque n'arrêteront pas la générosité du pauvre prêtre; l'Artois, le Maine, l'Angoumois, le Berry sentiront tour-à-tour l'influence de sa libéralité, sans qu'un seul de ses établissemens, une seule de ses œuvres, demeure en souffrance.

Au souvenir de tant de merveilles, je demeure saisi d'étonnement, et comme les habitans de Nazareth, à la vue des prodiges du Sauveur, je m'écrie : *Nonne hic est fabri filius, undè ergò huic omnia ista?* N'est-ce pas là le fils d'un pauvre laboureur, comment donc peut-il faire de si grandes choses? Oui, c'est le fils du pauvre, et malgré les contradictions, les injures, les calomnies, les menaces, les vexations qu'on lui prodigue, il sauvera deux fois la capitale des horreurs du pillage, dans les temps orageux de la Fronde, en sacrifiant sa propre maison : il plaidera avec chaleur, au conseil de la régente, la cause du peuple souffrant, au risque d'attirer sur sa personne la disgrâce et la haine d'un puissant ministre; il accueillera deux mille pauvres à Saint-Lazare, soulagera quatorze mille infirmes et procurera à tous des vivres suffisans au milieu de la disette générale. C'est le fils du pauvre, et sa bienfaisance qui ne saurait se rétrécir dans les limites d'une paroisse, d'une ville, d'un royaume, saura procurer des secours aux catholiques opprimés d'Irlande, aux pestiférés de la Pologne, aux malheureux qui languissent dans la captivité sur les côtes de la Barbarie, aux chrétiens d'Orient qui gémissent sous la tyrannie des infidèles. C'est le fils du pauvre, et il luttera contre les vents et les orages pour envoyer des aumônes et des missionnaires à Madagascar; trois fois la tempête engloutit ses vaisseaux sans que son zèle se décourage; c'est de lui qu'on a pu dire : les eaux de l'Océan ne sauraient éteindre les feux de la charité qui le dévore. Où donc puise-t-il tant de ressources? Le ciel lui a-t-il découvert des trésors? Oui, mes Frères, et ses trésors, les voici : c'est la force de l'exemple; on le voit se dévouer au soulagement des pauvres; accueillir deux fois par jour à sa table les deux premiers qu'il rencontre; on le voit, *lui qui croit ne rien faire pour gagner son pain,* se réduire avec sa communauté à la nourriture la plus grossière, prendre même sur ses chétifs repas pour augmenter ses aumônes, et l'on ne peut rien refuser pour les pauvres à celui qui pour eux se prive du nécessaire. Ses trésors, c'est la sainteté de sa vie qui inspire une confiance universelle ; on le regarde partout comme l'homme de Dieu, et chacun croit doubler le mérite de ses aumônes en les faisant passer par ses mains. Ses trésors, c'est un langage persuasif qui part du cœur et auquel rien ne peut résister ; il sollicite des secours de la régente, elle n'a plus rien à donner : *Et vos diamans, madame, en a-t-on besoin quand on est reine ?* et les diamans sont aussitôt abandonnés. Ses trésors, c'est une confiance entière en la Providence, il a pour maxime que *les trésors de Dieu sont inépuisables, que la défiance le déshonore ;* plus les obstacles se multiplient, plus il espère : *Le tour du bon Dieu est enfin venu, la Providence va s'en mêler.* Si on lui objecte la douteuse possibilité de sortir d'une entreprise : *Commençons seulement le bien,* dit-il, *et Dieu saura le finir.* Ses trésors, c'est la charité, qui ne craint ni fatigue, ni rebut, ni démarche, ni sacrifice, et qui lui donne les moyens de dire comme autrefois le divin maître : Venez à moi vous tous qui souffrez, et je vous soulagerai.

Il ne suffit pas à Vincent que cette charité embrasse tout l'univers ; il faut qu'elle subsiste, pour ainsi dire, autant que les siècles ; il faut que les âges, les générations futures participent à ses bienfaits comme toutes les populations contemporaines. Voyez s'élever ces précieux établissemens dans lesquels toutes les misères vont trouver leur asile. Là, peut-être, vous ne rencontrerez pas ces beaux règlemens d'ordre matériel qu'on admire dans nos hôpitaux modernes, mais vous y verrez tous les pauvres accueillis, tous les maux soulagés, tous les besoins satisfaits. Vous n'y entendrez pas d'éloquens discours sur la bienfaisance, on n'y connaît pas même le nom de philantropie : mais on y exerce la charité dans toute sa plénitude; on n'y fait pas un pompeux étalage de chiffres; on n'y voit que des personnes dévouées qui s'oublient elles-mêmes pour servir les pauvres, et sous ce rapport, je vous l'avoue, j'aime mieux le siècle de la charité que le siècle des lumières.

Vieillards dont l'âge a épuisé les forces, infortunés à qui l'infirmité a ôté l'usage des membres, victimes de la fortune, de la faiblesse, des passions, des désordres; jeunes gens nés au sein de l'indigence, grandis dans les vices de l'oisiveté, dépravés par la misère, aujourd'hui le fardeau, demain la terreur de la société; insensés que la perte de la raison rend plus dangereux; pauvres de tout genre, et qui n'avez d'autres ressources qu'une honteuse mendicité, Vincent accueille tous sans distinction; il ne demande pas quelle religion ils professent, quelle cause les a précipités dans l'indigence; il ne leur impose aucune condition; il ne voit que leurs besoins; il ne pense qu'à les soulager. Sans doute il leur parlera de Dieu; il tentera de les ramener à lui; mais si les efforts de son zèle échouent contre la dureté de leur cœur, sa charité n'en sera pas amortie. Il ne veut pas voir malheureux ceux qu'il ne peut rendre bons; tous pourront désormais manger sans honte, comme sans inquiétude, le pain de la providence ; tous couleront des jours paisibles et tranquilles, sous les ailes protectrices de la charité.

Pourrais-je vous oublier, ô vous, pauvres enfans de la misère ou du crime, qui avez été surtout l'objet de sa tendre sollicitude. Exposés sur les places publiques, vous étiez la moisson de la mort; la cupidité glanait le reste et l'élevait pour la honte. Au retour d'une mission, l'homme de Dieu aperçoit, sous les murs de Paris, un mendiant occupé à briser les membres d'un de ces petits malheureux, pour en faire un objet de pitié qui lui attire quelques aumônes. Barbare, s'écrie Vincent avec indignation, vous m'aviez bien trompé, je vous avais pris de loin pour un homme; il lui arrache sa victime, l'emporte dans ses bras, et, suivi de la foule que ce spectacle attire, il court à Saint Landry se déclarer le nourricier de ceux qu'on y entasse; il appelle à son aide ses fidèles coopératrices; les orphelins sont secourus. Mais l'enthousiasme que produit cette œuvre touchante va l'étouffer à sa naissance, les enfans abandonnés deviennent tellement nombreux que les ressources manquent; les anges de la charité se découragent, Vincent lui-même demeure embarrassé : *Encore un jour, s'écrie-t-il, je ne vous demande qu'un seul jour, la providence nous suggèrera quelque résolution salutaire;* et le lendemain cinq cents enfans dans les bras des Filles de la Charité encombrent le sanctuaire; toutes les dames qui l'ont aidé dans ses entreprises sont convoquées à ce spectacle; aux vagissemens des innocentes créatures se joint la voix pathétique du saint prêtre; il fait appel au cœur de ses fidèles associées, en faveur des orphelins; il leur propose de cesser d'être leurs mères pour devenir leurs juges, de prononcer à l'heure même l'arrêt de vie ou de mort; tous les cœurs sont émus; les larmes coulent, la cause du malheur est gagnée. Quarante mille livres de rentes sont nécessaires pour le maintien de l'œuvre; les fonds sont créés en un instant, et cet élan de miséricorde se fait sentir à la fois sur tous les points du royaume.

N'oubliez jamais, chers enfans, ce que vous fussiez devenus si le Seigneur ne vous eût envoyé, dans Vincent de Paul, l'ange de ses miséricordes ; dites souvent avec le prophète : *Mon père et ma mère m'avaient abandonné, mais le Seigneur a pris soin de moi,* il m'a fait trouver d'autres mères plus tendres, plus dévouées que celle que m'avait donnée la nature. Tous les jours, quand vous joindrez vos petites mains pour implorer votre père qui est dans les cieux, priez-le bien de bénir celles qui ont pris soin de vous sur la terre.

Le Seigneur a rappelé à lui Vincent de Paul ; il sera le patron des établissemens qu'il a formés. Mais son esprit, demeuré dans l'Église, a été recueilli par d'autres saints prêtres ; ce qu'il a fait pour le soulagement des pauvres, le vénérable De La Salle le fera pour leur éducation ; et tandis que les Filles de la Charité iront partout répandre les bienfaits de leur saint fondateur, les Frères de la Doctrine chrétienne seront accueillis par tous ceux qui aiment la vertu et les lumières ; de pieux établissemens formeront de toutes parts, dans l'intérêt des malheureux, des associations de bienfaisance, prendront le nom de Vincent de Paul pour devise, et ses institutions pour modèle ; la philantropie elle-même essaiera d'imiter ses œuvres, et montrera par la stérilité de ses efforts combien l'homme est impuissant quand il veut se passer de Dieu.

Gratias Deo super inenarrabili dono ejus : soyez mille fois béni, mon Dieu, pour le présent que vous avez fait à la terre en lui donnant Vincent de Paul ; et vous, grand Saint, entendez ce concert unanime de voix reconnaissantes qui chantent aujourd'hui vos louanges, mais entendez aussi les vœux qu'on vous adresse, pour réclamer votre puissante intercession. Ce

sont des orphelins qui vous demandent d'être leur père et
de les diriger au milieu des périls du monde, des pauvres
qui desirent sanctifier leurs privations et leurs misères, des
vieillards qui attendent la grâce de s'endormir dans le Seigneur; ce sont des vierges, vos filles chéries, qui veulent
toujours être dignes de vous; ce sont des ministres du
sanctuaire qui vous prient de les pénétrer de votre zèle; tous
vous conjurent de les élever à Dieu en les enflammant de
votre charité; vous étiez tout-puissant sur la terre, que
n'avons-nous pas à espérer, si, dans le ciel, vous daignez prier
pour nous.

Ainsi soit-il.

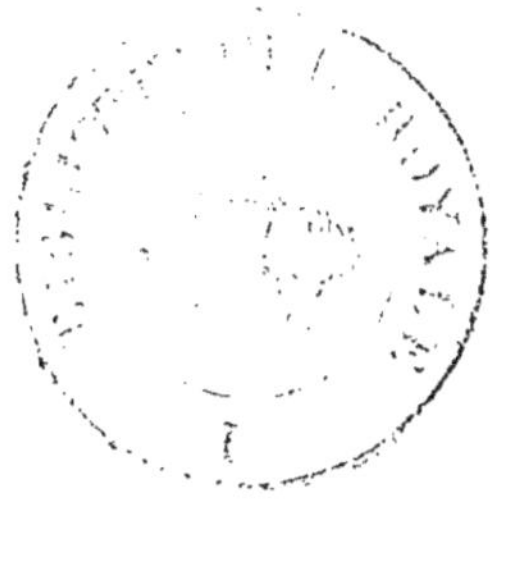

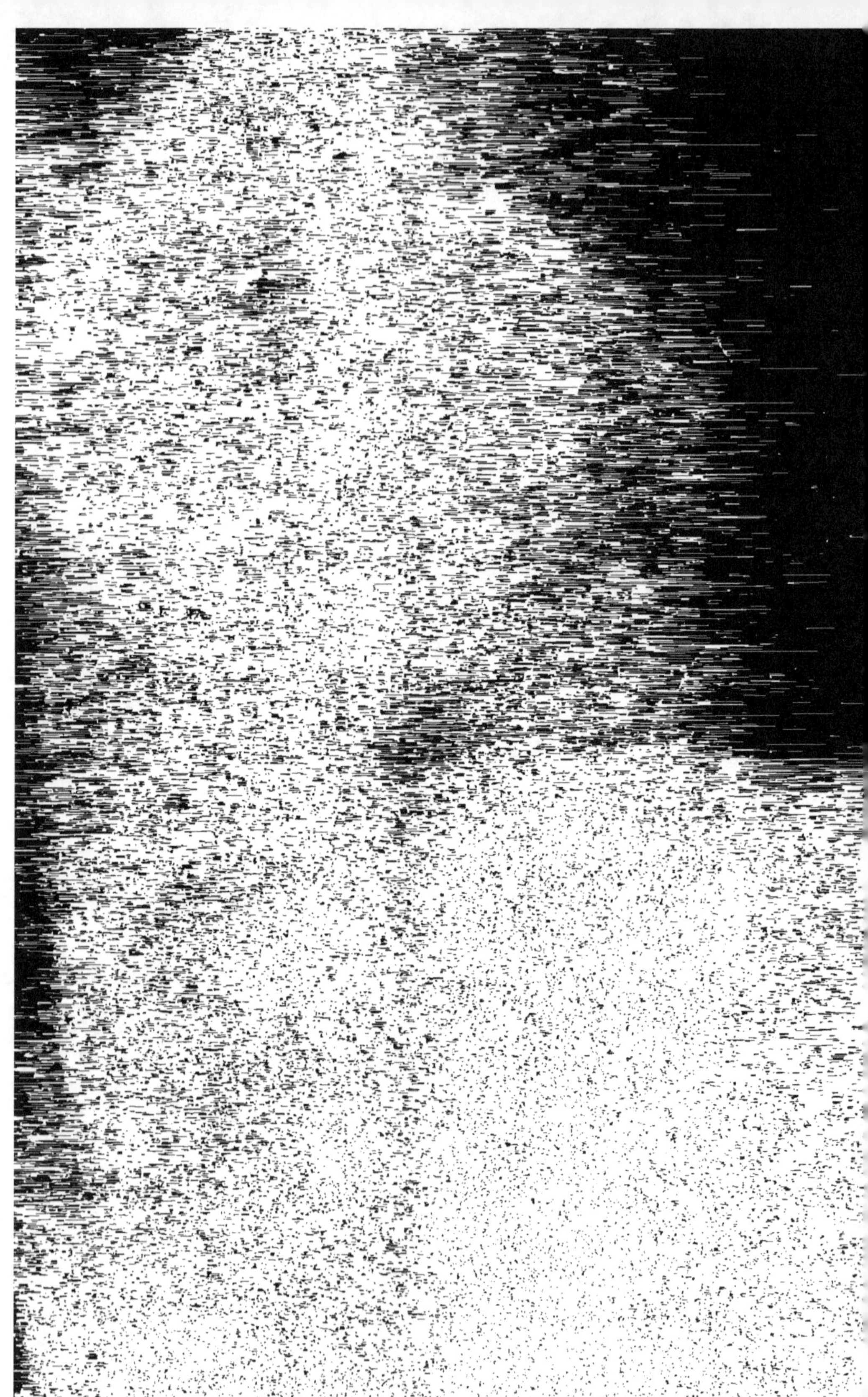